D1692154

LYRIK *ICH BIN VIELE*
Frauenstimmen aus Georgien

Ich bin viele

Frauenstimmen aus Georgien

Herausgegeben von Manana Tandaschwili
und Irma Schiolaschwili

Aus dem Georgischen übersetzt von
Irma Schiolaschwili

Nachgedichtet von Sabine Schiffner

Ludwigsburg

Bibliografische Information der Deutschen Nationalbibliothek
Die Deutsche Nationalbibliothek verzeichnet diese Publikation in der Deutschen Nationalbibliografie; detaillierte bibliografische Daten sind im Internet über http://dnb.d-nb.de abrufbar.

Ludwigsburg: Pop, 2018. ISBN: 978-3-86356-230-4
Kaukasische Bibliothek. Hrsg. Uli Rothfuss und Traian Pop
Band 24. Georgien.

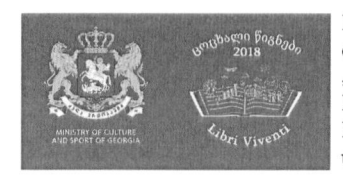

Die Übersetzungen wurde im Rahmen des Projekts „Zozchali zignebi" (lebende Bücher) vom georgischen Kultur- und Sportministerium finanziert.

1. Auflage 2018
© Pop, Ludwigsburg
Alle Rechte vorbehalten
Titelbild: Irena Kwaliaschwili
Autorenfoto: © Privat
Druck: Pressel, Remshalden
Umschlag: T. Pop
Verlag: Pop, Postfach 0190, 71601 Ludwigsburg
www.pop-verlag.com

Ich bin viele

NANA AKOBIDZE, geboren am 19.04.1975 in Letschchumi. Sie studierte an der Staatlichen Iwane-Dschawachischwili-Universität Tiflis Journalistik und arbeitet seitdem in diesem Beruf: von 1996-99 als Journalistin bei der Zeitung *Neue Generation* und bei der Zeitschrift *Spiegel*, 1999-2002 als Redakteurin und Mitherausgeberin der Zeitung *Iveria Express*, seit 2002 Chefredakteurin und Mitherausgeberin des Jahrbuchs *Sachelebi* („Gesichter des Jahres"). In den 90er Jahren gründete sie mit drei Freunden den *Orden der alten Dichter*, der 1996 die Gedichtsammlung *AIrlite* sowie 1997 die Novellensammlung *Der Mann, der niemals von einer Frau mit einer großen Brust träumte* herausgab, die den Krieg in Abchasien zum Thema hatten. Veröffentlichung weiterer Novellen in anderen Anthologien. Sie ist verheiratet und hat vier Kinder.

Haare und das Ertragen der Liebe

Wenn in mir die Liebe auflodert,
schneide ich meine Haare ab
und bete vor dem Spiegel das Gebet meiner Oma:
„Du Liebe, die heiß in mir brennt,
trenne dich von dieser Nana
und vereine dich mit einer anderen Nana!"
Je kürzer ich mir die Haare schneide,
desto länger wird der Abstand zwischen mir
und den nicht zu mir passenden Lieben …
Deshalb wachsen meine Haare niemals,
aber immer wächst meine Angst,
dass auf einmal meine Schere verrostet
und ich das Gebet meiner Oma
bei all der Hitze vergessen werde …

Während heute meine Haare noch einmal geschnitten werden,
stehe ich vor dem Spiegel und sehe dich,
in der Hand hast du ein Seil aus meinen Haaren,
das du entweder zu einer Schlinge bindest
oder zu einer Leine.
Und ich denke darüber nach, ob es sich lohnt, zu beten.

Habt ihr die schöne Tote gesehen?

Ich will eine schöne Tote sein,
damit der Mann, der mich niemals liebte,
Lust bekommt, mich nicht nur zu küssen.
*(Hätte ich das nur nicht gesagt,
bei einem Toten darf man die Worte „nicht nur" nicht sagen.)*
Ich will eine schöne Tote sein –
vom Leben nur diesen einen Bonus bekommen,
damit es sich lohnt, auf den Tod zu warten.
*(Als ob ich auch das nicht gesagt hätte –
so undankbar wie ein Hund darf man auch nicht sein.)*

Ich will eine schöne Tote sein;
so schön, dass die Luft um mich herum gerinnt
und der Mann, der mich nicht liebte,
mit dem Messer mit dem schwarzen Griff
die Luft schneidet,
in der Nacht aber dieses Messer unter das Kissen legt,
damit er von mir träumt.

KATO DSCHAWACHISCHWILI (Javakhishvili), geboren am 03.05.1979 in Tbilisi, studierte Medizin, Jura, Kunst- und Sozialwissenschaften, arbeitete eine Zeitlang als Ärztin und ist Mitglied der Enzyklopädie-Gruppe der Staatlichen Iwane-Dschawachischwili-Universität Tiflis.
Publikationen: *Von dir zu mir* (2008), *Links* (2010), *Larve* (2011), *Persönliches Fürwort* (2012), *Gutenachtlied für Männer* (2015), *Zwei Tassen* (2015).
Zahlreiche Auszeichnungen und Preise. Übersetzungen ins Deutsche, Englische, Litauische, Polnische, Russische, Schwedische, Slowakische, Tschechische und Ukrainische.

Wir haben etwas mitzuteilen

Wir sind als Mädchen geboren.
Das wollten wir nicht, aber wir waren auch nicht dagegen,
weil wir keine Ahnung hatten.
Wir tragen die nackte Freiheit der Weibchen,
unser Leben haben wir als Vorschuss gegeben
für unsere Männer,
für unseren Bruder,
für unseren Vater,
für unseren Vetter.
Das kann man nicht vertraglich festlegen.

Wir können ungelenk laufen,
mit Mütze, mit Schal, mit besohlten Schuhen,
wir können unsere geliebte nächtliche Stadt
in dunklen und gefährlichen Kurven abtasten ohne zu ruhen,
wir können das sein, was wir sind, oder auch nicht,
wir wollen von niemandem ernährt werden.
Vielleicht sage ich: Für die Zukunft vertraue ich dir
mein Herz an,
vielleicht möchte ich, dass du mich in deinem Herzen
wachsen lässt.

Und vielleicht dann,
wenn die mit einer unprofessionellen Kamera
                                      geschossenen Liebesbilder
mit Schnee bedeckt werden und
aus unseren Haarschleifenzöpfen hintereinander körperschwere
Hausaufgaben herauskriechen, die wir nicht gemacht haben,
und wir aus der schmerzhaften Scheide unserer Mutter
                                      herauskriechen,
in Puppenklamotten eingewickelte,
nach Himbeeren schmeckende und riechende Wesen …
vielleicht dann, wenn die Schuhe unserer Kinder
zur Schule rennen und wir mit geputzten Töpfen
und frischgebackenen Kuchen,
mit den Augen zur Tür gerichtet,
uns auf das Bett mit den Klamotten werfen,
damit wir in der kalten Bettwäsche unser Ich wiederfinden,
dann sagen wir:
Das ist eine Geburt, bei der wir nicht schlafen können,
das ist eine Geburt, bei der wir Fehler machen,
das ist eine Geburt, bei der wir unser Leben ausleben,
indem wir hingefallen und mit blutenden Knien
rasch wieder aufgestanden sind,
indem wir es geschafft haben, vor ihm wegzurennen,
vor einem Leben, in dem ungeputzte Pfannen
und Wäsche mit Waschmittelresten uns immer
                                      verfolgen werden.
Wir, die wir als Mädchen geboren wurden
und das wollten oder nicht wollten oder keine Ahnung hatten,
möchten mitteilen, dass die Geburt verschoben wurde.
Man soll erst den Müll von Ehemännern, von Kindern,
von Vätern und von Vettern wegschaffen.

Eine Erzählung über den Krieg

Komm, lass uns in der Mitte des Krieges
Platz nehmen und einen Tee mit Zitrone trinken.
Es ist doch egal, wer kämpft und warum.
Es ist doch egal, ob dieser Krieg der unsrige ist oder nicht.
Es ist doch egal, ob wir gemeinsam verlieren
oder als Sieger in allgemeiner Unbeweglichkeit
einen Frieden erfinden, um uns selbst zu rechtfertigen.
Komm, lass uns im laufenden Krieg einen Frieden erfinden
und kochend heißen Tee trinken!
Erschütterte Frauen werden vorbeilaufen
und uns hasserfüllt anblicken.
Engagierte Jugendliche werden vorbeilaufen
und mit Maschinenpistolen unsere Schultern streicheln.
Soutanenträger werden vorbeilaufen und kein Kreuz schlagen.
Krawattenträger werden vorbeilaufen
und Münzen in unsere Tasse werfen.
Komm, lass uns den Kugeln zuhören!
Ich werde aus leeren Patronenhülsen eine Kette machen.
Und du, spiel auf der Trommel des Leichnams
und senke deinen Kopf!
Ich werde um dich herumtanzen
und eine Sonne in die Teetasse zaubern.
Hebe deinen Kopf und nimm aus deinem Gesicht
zusammen mit der Haut die Fetzen meines verbrannten Kleides!

Ich werde meine Beine in verminte Erde pflanzen.
Wasche meine Beine und gib den Minen neues Leben!
Ich werde aus meiner Scheide unsere ungeborenen Kinder
                                                                                 ziehen
und in Pech eintauchen.
Creme meinem Körper Angst ein
und schlucke unsere Pechkinder!
Erschütterte Frauen werden vorbeilaufen und uns verfluchen.
Engagierte Jugendliche werden vorbeilaufen
und auf uns schießen.
Krawattenträger werden vorbeilaufen
und uns die Erde unter den Füßen fortziehen.
Soutanenträger werden vorbeilaufen
und uns den Rücken zuwenden.
Komm, lass uns zu unserem Krieg gehen!
Lass uns in der Mitte des Krieges Platz nehmen
und Tee mit Zitrone trinken!
Weil im Krieg die Liebe anders ist
und die Liebe eher Kapitulation ist als Sieg.
Weil die Gutmütigkeit oft zwei Herzen hat
und zwei Herzen bedeuten im Krieg
nicht „größer als", sondern „kleiner als".
Weil die Gläubigen oft lügen
und die eigene Wahrheit wie einen auf die Schulter
genommenen Sarg tragen.
Weil alle Prozessionen absurd sind und alle Absurditäten
eines Tages wahr werden.
Weil alle Kriege Lügen sind
und die Menschen es brauchen,
das Existierende zu verneinen,
um die eigene Identität zu bestätigen.

Weil Gewalt Schwäche ist
und jede Schwäche ein erster Schritt,
um Stärke zu beweisen.
Weil es sehr leicht ist,
die Menschen nicht so anzunehmen,
wie sie sind,
und es sehr schwer ist,
das eigene Ich
in der Schwäche der anderen zu entdecken.
Komm, lass uns in der Mitte des Krieges
mit untergeschlagenen Beinen hinsetzen
und einen Tee mit Zitrone trinken.
Wo die Wahrheit nur das ist,
dass die Menschheit jeden Krieg dafür braucht,
um ihre Angst zu bewältigen
und Helden zu erfinden.
Wo ich und du so gelassen
das Leben auslachen können.

ELA GOTSCHIASCHWILI (Gochiashvili), geboren am 28.01.1959 in Gurdschaani. Sie studierte an der Staatlichen Iwane-Dschawachischwili-Universität Tiflis Journalistik und arbeitet jetzt im Memorial-Museum des großen georgischen Dichters Galaktion Tabidze. Teilnahme an vielen literarisch-poetischen Festivals in Litauen (Palanga 2010), Frankreich (Paris 2011), Deutschland (Buchmesse Leipzig 2016) und Italien (Genua 2017). Publikationen: *Friedliche Dämmerung* (1989), *Fragmente aus der Anamnese* (1996), *Freitag ist mein Tag* (2003), *Kupfervitriol* (2005), *Lass mich aussprechen, Mutter!* (2010), *Lebensundicht* (2013).
Zahlreiche Auszeichnungen und Preise, Übersetzungen ins Armenische, Aserbaidschanische, Deutsche, Französische, Italienische, Litauische, Niederländische, Persische und Russische.

Ordnung

Ich bin niemals
eine quicklebendige Hausfrau gewesen,
aus meinen Händen und Füßen
sind niemals Funken gesprungen;
trotzdem ist es möglich, alles zu schaffen;
bei mir herrscht Ordnung.
Es herrscht Ordnung –
aber wen gibt es denn hier,
der das Haus auf den Kopf stellen könnte?
Wer geht denn auf dem Dach herum?
Wer ist denn hier ein Ärgernis für die Tapeten?
Wer greift mit seinen unreifen Hänselfingern
nach einem Stift?

Es herrscht eine unerträgliche Ordnung,
so dass es sogar mir schwer wird zu atmen,
kaum kann ich das Gewicht dieser Freiheit ertragen.
Es herrscht Ordnung;
es herrscht Ordnung;
es herrscht Ordnung.
Wie wäre es wohl,
wenn ich einmal etwas nicht fände?
Aber es herrscht Ordnung,
selbst ein liederlich verstautes Ding findet mich.
Manchmal denke nicht ich,
aber meine Hände denken an es.

Es herrscht Ordnung,
ich habe es auch nicht nur einmal geschafft,
alles durcheinander zu bringen.
Ich habe es nie zu der zu einer echten Dame passenden
Unordnung gebracht.
Es herrscht eine glasklare Ordnung,
es herrscht immer Ordnung.
In diesem Haus herrscht immer Ordnung,
wo die Besitzerin schon im Aufzug
den Schlüssel in ihrer Handtasche sucht
und niemals an die Tür ihrer Wohnung klopft.
Sie kennt es nicht, dass die Tür von innen geöffnet wird.

Das Spiel

- Mama, soll ich zu Oma gehen?
- Geh!
- Soll ich heute Nacht dort bleiben?
- Bleib!
Bleib, sagte sie!
Wenn es kein Glück gibt,
was soll diese Sekunde dann bedeuten?
Wenn es hier auf Erden kein Paradies gibt,
was ist denn dann das Haus von Oma?
Ich suchte die Puppe,
die Wiege und den ganzen Wiegenkram zusammen
und „flog" zum obenliegenden Teil des Dorfes.
Diese Wiege hatte ich mit meinen eigenen Händen geschnitzt.
Meine Eltern hatten bestimmt nirgendwo
eine kleine Wiege finden können,
sonst hätten sie sie gekauft
und ich hätte nicht Tischler werden müssen.
Es ist doch noch etwas aus meinem Handwerk geworden:
Sie schaukelte … sie stand … ich trug sie hin und her …
Sie erfüllte ihre Aufgabe, Wiege zu sein.
Sie ist nicht auseinandergegangen,
sie hat uns – mich und meine kleine Puppe – großgezogen.
Gott sei Dank, dass ich sie geschnitzt habe,
seit dieser Zeit kann ich nicht mehr sagen,
dass ich an keiner Wiege saß …

Ich drückte meine Kleine an meine hoffnungslos flache,
mit Kattun bedeckte Brust,
stillte und liebkoste sie.
Ungewaschen legte ich sie nicht ins Bett.
Und als sie strahlend sauber, trocken,
für die Wiege fertig war,
trug ich ihr an einer Stelle Hühnerkot auf.
Selbst hätte sie nicht in die Hose gemacht,
aber anders wäre sie doch kein Kind!
Ich wollte doch klagen,
wie mich so viel Wäsche fertig macht!
Gott sei Dank habe ich mir das nur ausgedacht.
Seit dieser Zeit kann ich doch nicht mehr sagen,
dass ich niemals Babysachen gewaschen hätte!
Gibt es denn auch solche unter euch,
die sich trauen, mit Fingern auf mich zu zeigen,
weil ich hühnerkotige Sachen gewaschen habe?
Mit der Kraft und dem Wunder der Kindheit
und mit dem Zauber und der göttlichen Gabe,
Vorstellungen real zu machen,
war ich damals wirklich eine Mutter
und das Kind war wirklich verdreckt.
… so sehr habe ich das Mutter-Kind-Sein-Spiel gespielt,
so leidenschaftlich, so selbstbewusst, so schonungslos.
Gott wusste es, dass ich gerade damals
die beste Mutter sein wollte.
Gott wusste, dass er mir die Realität
durch Vorstellungen ersetzen wollte.

Gott wusste, worauf er mich vorbereiten wollte,
Gott wusste, wie er mich erschaffen hatte –
Ich sollte mit nicht-existierenden Sachen so intensiv leben,
wie es die anderen nicht mal mit existierenden schaffen.
Gott weiß es – wenn jemand echtes Wasser braucht,
um den Durst zu stillen,
vielleicht nicht schmeckendes, aber echtes Wasser,
tastbares, schluckbares,
dann wird Gott ihm echtes Wasser in die Handflächen gießen.
Die Vergangenheit ist schwer und süßlich geworden;
sie macht mich abhängig, lässt mich ihre Finger lecken,
ihr Körper wird voller, geht auf, kommt nah zu mir,
steht nah bei mir,
beinahe wird sie nicht nur meine Gegenwart,
sondern auch mein Morgen überdecken.
Es ist doch ihre Art, dass sie überall,
wo sie einen leeren Platz sieht,
ihren eigenen Thron hinstellt.
Ich kann sie nicht aufhalten, von dort kommt Honiggeruch,
angebliche Medizin mit bitterem Geschmack.
Warum soll ich sie aufhalten? –
Da spielt ein spindeldürres Mädchen,
ich starre sie an, lächelnd,
sie wird mich nicht entdecken,
sie kennt mich doch nicht,
außerdem hat sie eh keine Zeit,
in Richtung Zukunft zu gucken.

Ich weiß, dass sie spielt
sie weiß es nicht;
wenn sie das begreift,
wird sie schon ich sein.
Das Spiel des Kindes erfüllt mich mit Licht.
Schau mal, sie hat die Puppe an
ihre unreife Brust gedrückt,
sie stillt sie …
Schau mal, hier ist die Wiege mit dem ganzen Kram …
Schau mal, sie wäscht die Puppe …
Schau mal, sie hat am Ast des Aprikosenbaums
einen kleinen Zweig abgebrochen,
diesen Ast hat sie in den Hühnerkot getaucht
und trug den der Puppe auf,
damit sie etwas zum Quengeln hat,
damit sie echte Wäsche zum Waschen hat …
Glückliches Kind!
Sie bereitet ihre Illusionen vor,
die sich gleich in Wahrheit verwandeln…
Das Kind spielt,
es spielt ein Spiel,
das für das ganze Leben ausreichen soll.

RUSUDAN KAISCHAURI (Kaishauri), geboren am 20.04.1957 in Tiflis, studierte an der Staatlichen Iwane-Dschawachischwili-Universität Tiflis georgische Philologie. Nach dem Studium arbeitete sie im Bildungsministerium und als Lehrerin für georgische Sprache und Literatur. Seit 2001 ist sie im *Kaukasischen Haus* in Tiflis beschäftigt. Ihre Gedichte wurden in verschiedenen Anthologien sowohl in Georgien als auch in Deutschland und Großbritannien herausgegeben. Teilnahme an internationalen Poesiefestivals in Litauen (2010), Polen (2012) und Georgien (Batumi 2013). Sie ist Mutter von fünf Kindern.
Publikationen: *Gedichte* (2002), *Besenflug* (2004), *Von Esel bis Pferd* (2012).
Übersetzungen ins Aserbaidschanische, Deutsche, Englische, Estnische, Litauische, Niederländische und Russische.

Ich bin viele

Rusudan schlägt sich als Frau durch.
Ruso gießt die Gedichte mit Blut.
Rusi ist auf der Jagd und am Geldverdienen.
Ruska spielt Rotkäppchen,
sie stirbt und wird gleich heute wieder lebendig.
Rusa geht einer Mutter-Kind-Tätigkeit nach.
Rusiko terrorisiert die Familie,
weil sie eine Pädagogin ist,
eine Hirtin und ein Teil von ihr auch eine Mutter.
Rusoia ist in ihrer Heimat ein Mannweib.
In der Emigration betet sie.
Sie hat eine Klagemauer voller Ikonen,
manchmal ist ihr kokettes Aussehen
spaßig.
Ruski war in dem Mädchenspiel „Hausfrau"
nicht erfolgreich.
Beim Waschen ist sie klein geworden
und eingegangen.
Man fragt mich immer Werbistdu?
und ich antworte mit elender Stimme:
Ich bin fünffache Mutter.

An das Schwänzen in der Poesie

Die Poesie flutete in die Frau herein
und sie war
als Dichterin tätig;
ihr Brautkleid verblieb
auf der anderen Seite des Ufers.
Und über der Erde wippte sie
mit dem Sturm,
sie kehrte nicht mehr zum Alltag zurück,
dorthin, wo sie
niemals geliebt worden war.
Sie warf lebendige und tote Kraft und Stärke
in die Poesie
hinein,
dem Leben selbst warf sie
einen Kranz aus Lorbeerblättern über,
um ihm dessen Geschmack zu verleihen.
In der Poesie liebte man sie wirklich,
weil sie oft das Leben schwänzte.

Ich und der Engel

Einmal war ich sehr albern.
Dort oben
spielte der Engel
mein Spiel.
Ich hatte sehr viel Glück:
Er setzte meinen Kopf zwischen seine Flügel
und zögerte dann,
ihn mir zurückzugeben.
Was hat er denn
in meinem trübem Gehirn gesehen?
Hat er vielleicht einen goldenen Fisch gefangen?
Endlich gab er mir
meinen mit Wunschsteinen gefüllten Kopf zurück,
der schon einmal mit seinem Körper gerungen hatte.
Den Heiligenschein hat er mir nicht mitgegeben.
Gott sei Dank!
Wie könnte sonst mein Heiligsein
auf der Erde auszuhalten sein?

EKA KEVANISCHWILI (Kevanishvili), geboren am 23.01.1979 in Tiflis, studierte an der Staatlichen Iwane-Dschawachischwili-Universität Tiflis Journalistik und war danach für verschiedene Zeitschriften tätig. Seit 2008 arbeitet sie als Reporterin bei Radio Free Europe/Radio Liberty in Tiflis (Radio Tavisupleba) sowie für die BBC. Sie schreibt Gedichte und Essays und veröffentlicht biographische Skizzen von Schriftstellern.
Publikationen: *Es ist ein Gerücht* (2006), *Stellen Sie sich nicht hierher!* (2010), *Der Hausverkauf* (2013), *Ein Plan für die Evakuation* (2016).
Auszeichnung mit dem georgischen Nationalpreis Saba für *Der Hausverkauf*.
Übersetzungen ins Deutsche, Englische, Litauische, Russische und Tschechische.

Als ich liebte, dachte ich, dass ich klein bin

Ja, als ich sehr liebte,
verglich ich mich mit meinem Ich,
und es war besser als ich.
Ich vergaß alles, was in ein Ohr hineinging,
bis es das zweite Ohr erreichte.
Heute kann man darüber sprechen –
die vielen Jahre sind im Reibeisen
meines Halses zerrieben.
Verschluckt – verdaut.
Ich dachte, dass ich nicht gut genug bin,
weshalb ich wie verdorbene Sachen
zur Seite gelegt wurde.
Ich dachte,
dass ich verkehrt herum geboren wurde,
dass ich dabei meine Mutter
mit den Füßen zertreten habe,
weil ich nur so warten konnte,
unerträglich, langandauernd und schmerzhaft:
Als wenn ich mein Herz
in einem Fleischwolf zerkleinert hätte,
als wenn ich meine beiden Arme
an ein Bügeleisen geklebt hätte.
Ich dachte, dass ich vierzehn Augen hätte,
und die Menschen lachten mich aus.

Ich aber brauchte alle vierzehn –
damit ich überallhin spähen konnte,
um nur ja nichts aus den Augen zu lassen.
Ich dachte, dass ich klein bin,
klein, oh Mann.
So klein,
dass er sich tief hinunterbeugen musste,
um mich zu umarmen.
Ich aber hatte Angst,
dass er bis dahin eine andere sehen könnte.
Deshalb habe ich mich aufgerichtet.
Ich dachte,
dass er mich zufällig ausgewählt habe,
mich an der Hand angefasst habe
und es ihm dann peinlich gewesen sei,
mich wieder zurückzustellen.
Und als ich sehr liebte,
dachte ich, dass diese Liebe
jeden Tag zu Ende ginge,
und war jeden Tag bereit dafür.
Bis zu dem Tag,
als es wirklich zu Ende ging.
Erst da habe ich verstanden,
dass ich nicht wirklich groß war.
Es fehlte mir noch sehr viel bis dahin,
dass ich verdorben wurde.
Ich hatte zwei Augen,
mehr brauchte ich nicht.

Der letzte Kreis

Mein Mann kommt vom Dorf,
seine Worte schaukeln vor Dialekt –
was er weiß und was er gehört hat,
was er bis jetzt im Kopf behalten hat:
Mein Leben, meine Frau, mein Mädchen.
Seine Hände sind breit und nach Erde riechend,
sein Gehirn ist leer und leicht.
Bei ihm ist es einfach und uninteressant.
Es ist nicht notwendig, ihm das alles zu sagen.
Ich habe ihn probiert.
Nehmen wir an, mein Mann sei wunderschön.
Auf seinem Kopf brennt Feuer,
an seiner Brust leuchtet der August.
In seinen Augen hat er einen Wolf gefangen,
in seinem Körper einen Teufel.
Er versteckt seinen Körper manchmal in einer Kutte
und nachts träumt er und hat ganz andere Vorstellungen,
das ist, als wenn heiliges Salböl aus ihm tropft.
Dieser mein Mann ist stolz und hochmütig,
sein Glied ist steif,
seine Fußsohle ist schmal.
Das Schlafen mit ihm ist ähnlich,
als wenn du für mitternächtliche Gäste
den Tisch deckst und wieder abräumst.
Er weiß das alles, gibt es aber niemals zu.

Ich liebte ihn.
Mein Mann ist pedantisch und intellektuell.
Mit dem Mittelfinger balanciert er
seine Brille auf der Nase,
wenn er mich liebt,
wenn er mich denn überhaupt liebt.
Er betet vorher.
In dieser Zeit betrachte ich
die mit Sternen übersäte Decke,
dieser Mann zieht sich erst aus und legt sich dann hin,
dann ruft er nach mir,
er ist arm und unerträglich,
das Zusammensein ähnelt einer Halbtagsstelle,
wenig ermüdend und wenig Einkommen.
Ihm ist alles egal, er verdaut alles leicht,
ich hingegen … ach was, das sage ich nicht.
Mein Mann ist reich und groß.
Er lässt einen Schlüssel um den Finger kreisen,
ich weiß nicht, was für einen,
Hauptsache, dass er ihn kreisen lässt,
dieser mein Mann ist klug und zynisch,
sein Körper ist durch tausend Frauen durchgegangen.
Aber er ist rein,
seine Seele ist frei, aber müde,
abgeschrieben – überschrieben.
Dieser mein Mann ist eine Landkarte,
und ich folge mit dem Finger den Linien,
sein Glied lebt auf,
wenn ich es mit meinem Knie berühre,
wenn ich es mit meinem Bauch berühre,
kurz gesagt: Wenn ich es berühre.

Das Zusammensein mit ihm ist
wie Eisessen in einer Hängematte,
das Zusammensein mit ihm ist ein Unterordnen.
Er denkt, dass er die Entscheidungen trifft.
Soll er das denken.
Es passt mir,
ich habe bei ihm begriffen, wie ich lieben soll.
Heute kommen alle meine Männer
und werden sich im Kreis um mich stellen.
Heute gehören alle meine Männer anderen.
Habt Frieden mit ihnen!
Ich liebe die Freiheit.

LIA LIKOKELI (Liqokeli), geboren am 06.03.1986 in Barisacho, einem kleinen Dorf in der Hochgebirgsregion Chewsuretien. Studierte in Tiflis Filmregie an der Schota-Rustaweli-Universität für Theater und Film und arbeitete danach als Theaterregisseurin sowie in der Folge in einem Verlag. Bekannt wurde sie mit ihrem Gedichtband *Lachen der Ehefrau eines Riesen*, für den sie den Saba-Literatur-Preis als beste Debütantin des Jahres erhielt. 2016 veröffentlichte sie ihr zweites Buch *Gesetz des Mädchenseins*. Übersetzungen ins Deutsche, Englische und Schwedische.

Uns wird es gut gehen, Mädchen

Für Anika und andere Mädchen

Manchmal stelle ich mir vor,
wie der Mann, den ich liebe, mich jagt.
Die Jagd wird im Herbst stattfinden, an einem Flussufer,
in der Morgendämmerung, im Ufergehölz,
an dem Tatort werden Steine, Bäume und Vögel sein.
Der Mann wird mit dem Gesicht Richtung Osten stehen,
mich angucken und das Gewehr anlegen.
Aus der Mündung werden Raben fliegen.

Ich werde mit dem Rücken zum Fluss stehen,
mit herabhängenden Händen.
Ich werde die Augen nicht schließen.
Der Mann wird zu schießen anfangen.
und die Bäume werden nacheinander zu mir kommen,
mich umschlingen und decken.
Sie werden nacheinander auf die Erde fallen.
Ich liebe dich,
wird er zu mir sagen und auf mich schießen.
Ich liebe dich, wird er zu mir sagen
und noch ein Baum wird sterben.
In der Morgendämmerung werden alle Bäume sterben.
Die Sonne wird über dem Fluss aufsteigen.

Die Sonne wird über meinen Schultern aufsteigen.
Aus der Gewehrmündung werden
Feuervögel herausfliegen.
Er wird auf mich schießen.
Ich werde es nicht schaffen, die Arme auszustrecken,
ich werde auf den Boden fallen.
Die Bäume werden ihre Blätter nicht fallen lassen,
ich aber werde meine Blätter fallen lassen.

Die Erde wird moosbedeckt sein und nass,
von Blut durchtränkt.
Der Mann wird kommen
und mich angucken und das Gewehr anlegen.
Aus der Gewehrmündung werden
meine blutigen Blätter herausfliegen.
Die Feuervögel werden heranfliegen
und meine offenen Lippen mit ihren Flügeln bedecken.
Die auf dem Boden liegenden toten Bäume
werden ihre Äste herauskriechen lassen.
Uns muss es gut gehen, Mädchen,
werden die Bäume zu mir sagen.
Der Mann wird gehen und meine Augen fliegen
an seinen Schultern hoch.
So wird es sein, Mädchen.
So wird es sein.
Wenn die Männer gehen werden,
ist das Feld voll von toten Bäumen
und unseren Händen,
die wir beim Weggehen
von ihnen nicht ausstrecken konnten.
So wird es sein.

Wenn sie gehen werden, ist es uns lieber,
dass sie uns keine Worte hinterlassen –
wir werden vielmehr
die Stille in Erinnerung behalten.
Uns ist es lieber,
dass sie uns keine Augen hinterlassen –
wir behalten ja die Rücken in Erinnerung.
Und sie werden keine Blumen für uns haben,
wir werden die Gewehre in Erinnerung behalten
und die aus der Gewehrmündung herausgeflogenen Raben.
So wird es sein, Mädchen.
Hauptsache, dass niemand den Schuss
des Gewehres hören wird.
Und nach ihrem Weggang werden wir
von der Erde aufstehen
und den Herbst in den Straßen spazierenführen.
Wir werden die Sonne aus dem Fluss aufgehen lassen
und unsere Rücken, unberührte Rücken,
werden wir aus dem Fluss herausheben.
Wir werden in den leeren Himmel schauen,
nach den Feuervögeln rufen und unsere Lippen
mit unseren eigenen abgenutzten Flügeln bedecken:
Niemand wird es hören dürfen, Mädchen.
Aber du musst es wissen:
Immer wenn der Herbst wieder kommt,
habe ich so ein Gefühl,
als wenn jemand laufen und
die Bäume mit einem Jagdgewehr töten würde.
Hinter jedem Baum werde ich stehen und sterben.
Uns wird es gut gehen, Mädchen,
werden die Bäume sterbend sagen.
Uns wird es gut gehen, Mädchen,
werde ich bei jedem Sterben sagen.

Höre, Mädchen,
das sage ich so, als ob Engel mit ihren Flügeln
meine Lippen bedecken würden.
Uns wird es gut gehen, Mädchen,
uns wird es gut gehen,
weil die Bäume beim Sterben ihre Blätter
nicht fallen lassen,
wir aber werden unsere Blätter fallen lassen.

Meine Mutter ist mein Kind

Lasst uns unsere Mütter wie ein Kind adoptieren!
Lasst uns unsere Mütter wie ein Kind adoptieren!
Lasst sie auf unserem Schoß sitzen!
Lasst sie ihre grauhaarigen Köpfe an unsere Brust lehnen!
Lasst uns unsere Hände auf ihre heißen Stirnen legen!
Lasst uns sie schaukeln und ihnen ein Lied vorsummen,
Lasst uns sie schaukeln, ihnen ein Wiegenlied singen:
Ein Wiegenlied für meine Mutter,
für sie, die mich zur Welt gebracht hat,
für sie, die ich zur Welt gebracht habe.
Deinen Kummer will ich aufnehmen, Mutter,
deine Tränen auch, dein Feuer auch, deine Galle auch.
Sie sollen mich verbrennen, sie sollen mich aufbrauchen,
sie sollen mich zu Asche machen,
mich mit Erde vermischen.
Schlaf, meine Mutter, mein Kind,
schlaf, Muttersonne, Muttererde!
Ich nehme deinen Tod auf, Mutter,
ich gebe dir mein Blut,
ich gebe dir mein Leben.
Die Sonne soll untergehen, mein Herz aufgehen.
Deine Hände, Mutter, sollen auf meinen Ausschnitt,
an meine Brust trommeln.

Ich singe ein Wiegenlied für die Hände meiner Mutter.
Legt euch in mein Herz hinein,
ihr, die Hände meiner Mutter!
Die Ader an meinem Hals soll es singen:
„Ein Wiegenlied für meine Mutter",
Ein Wiegenlied für das Atmen meiner Mutter.
Werde in meinem Schoß alt, Mutter!
Komm aus meinem Schoß zur Welt, Mutter!

Meine Sonnenmutter muss aufstehen.
Ich muss auch aufstehen.
Ich muss meine Babymutter
in schwarze Schafwolle einwickeln.
Ich muss gehen,
meine Hände in schwarzes Wasser werfen,
das Blut herauslassen,
damit der gallige Gram herausfließt.
Das Wasser soll das Alter mitnehmen,
das Wasser soll den Tod mitnehmen.

Ich will sagen: Ich habe meine Mutter adoptiert,
Ich habe meine Mutter zur Welt gebracht.

NINO SADGHOBELASCHWILI (Sadgobelashvili), geboren am 30.01.1980 in Tiflis, studierte am Staatlichen Kulturinstitut in Tiflis Literaturwissenschaften und arbeitete in der Folge als Lehrerin und Journalistin. Sie ist Dichterin, Dramatikerin und Regisseurin. 2011 gründete sie zusammen mit Freunden das Filmstudio *Chomli* („Siebengestirn"), in dem sie seitdem arbeitet. Publikationen: *Ein Paradies aus Barchent* (2006), *Schlaflied um Mitternacht* (2008), *Flügel und Hände* (2011), *Die Fliedersaison* (2013), *Obdach* (2013), *Die Schwangere* (2013), *Eine Sekunde hier und eine Sekunde dort* (2013).
Zahlreiche Auszeichnungen und Preise. Übersetzungen ins Armenische, Aserbaidschanische, Deutsche, Englische und Türkische.

Die Schwangere

Neun Monate werden mir nicht genügen,
es wird wie ein Moment sein.
Ich muss dich ein ganzes Leben lang in meinem Bauch tragen.
Ich muss dich in mir gebären,
wie einen Nagel in meine Blutgefäße hineinwachsen lassen,
und meinen Schmerz
von deiner knospengleichen seidigen Zunge
                                        fortlecken lassen …
Ich muss dich in meinem Bauch großziehen.
Ich werde dich tief in meine Brüste hineinschieben
und dich dort behausen.
Danach bringe ich dich zu einem veilchengeschmückten
                                                Zimmer.
Die Sonne wird von allen drei Seiten über dich fließen,
abends aber wird die Herzwand deine Schattenseite sein.
Ich schicke dich in meinem Bauch zur Schule.
Du wirst dich auf dem Asphalt mit meinem Schatten messen
und von innen an irgendeine Ader schreiben,
wieviel Zentimeter du schon gewachsen bist.
Bald werden die Adern bis zum Gehirn wachsen
und über unserem abgedeckten Dach
wird der Himmel sichtbar sein.
An den Himmel wirst du Ungleichungsformeln schreiben.
Die Worte aber werden
auf deinen Lippen wie Münzen klingen.

Du wirst in meinem Bauch schwimmen lernen
und nachts heimlich verschwinden,
um mit Eisbären zu schwimmen.
Ich werde meckern, die Welt auf den Kopf stellen,
alle auf die Suche nach dir schicken!
Danach werde ich an meinem Ufer in die Hocke gehen
und eindösen.
Niemand kommt so schön aus dem Wasser wie du.
Nichts wird so schön riechen wie deine Hände,
die mich anfassen.
Du gibst mir einen Kuss,
der ist wie ein Gruß von den Eisbären.
Und wir werden zusammen zur Morgendämmerung laufen.
Auch deine Liebe werde ich in mich hineinführen.
Du sollst in meinem Bauch zum Rendezvous erscheinen.
Und eines Tages, wenn mein Bauch
für euch zwei zu klein sein wird,
sollst du auf dem offenen Dach
meines Körperhauses Hochzeit feiern.
Vor lauter Leidenschaft werden
von meinem Körper die Blätter herabfallen
und dann bekomme ich wieder Rückenschmerzen.
Mit den Fingernägeln werde ich grüne Büsche greifen
und deine Kinder gebären.
Sie werden ihre korngroßen Augen aufmachen
und so wie Vögel auf unseren Seelen sitzen.
Alle Nachbarn und Verwandten
werden nacheinander davongehen,
ich aber werde bleiben
so wie die Mütter,
die im Hof der Musikschule auf ihre Kinder warten.

Ich werde auf dein Erwachsenwerden warten,
auf dein Altwerden.
Mit meinen dürren Knochen
werde ich für dich ein Feuer anzünden.
Mit meinem Gesang werde ich
deine Nachkommenschaft sammeln.
In meinem Bauch lasse ich sie segnen ...
Danach werden wir zusammen
die graue Kopfdecke abnehmen
und lassen dieses unser Lied
aus dem Schornstein des Halses heraus.
Das wird derjenige hören,
der mich als Mutter und als Kind geschaffen hat,
der, der selbst schwanger ist mit mir und mit dir ...
Dieses Lied hat keine Grenze ...
Diese Liebe hat kein Ende ...

Felsen

Die Felsen sind meine Schwestern.
Nacheinander hat uns unsere Mutter zur Welt gebracht.
Sie hat uns aus ihrer finsteren Scheide herausgeworfen
und wie Brote in die Sonne gelegt.
Ich bin die Letztgeborene.
Mürrisch stehen meine Schwestern da.
Sie entspannen ihre Augenbrauen nicht,
auch wenn ich sterben würde.
So, wortlos, haben sie mir beigebracht,
die Haare zu kämmen,
das Kleid anzuziehen,
mit einem anderen zu schlafen und allein zu gehen.
Egal wie sehr du es willst, du kannst sie nichts fragen.
Sie sprechen nur mit sich selbst, und zwar wortlos.
An ihren geschlossenen Lippen verdorrt das Gras
und sie schwitzen goldfarbenen Schweiß aus.
Sie stehen fest unter den Familienmitgliedern.
Am Knie haben sie den Saum
neunfach umgeschlagen.
Starr blicken sie in den Himmel und schließen
die Augen nicht.
Sie werden sich nicht bewegen,
auch wenn ein Kind an ihrem Herzen weinen würde.

Sie haben ihre Brust mit der Seide des Nachmittags
flach gebunden.*
Irgendetwas wissen meine Schwestern,
aber sie sagen es mir noch nicht.
Noch ziehen sie mich stumm groß
und prüfen jeden Morgen meine Augenlider,
ob sie auch trocken sind!
Sie prüfen auch meine Arme –
nicht dass sie weich werden und kraftlos,
um im Feuer durchzuhalten.
Sie sehen auch jeden Tag nach meinem Bauch,
um sicher zu sein, dass die ausgegrabene Grube tiefer wird,
damit eines Tages mein ganzes Ich hineinpasst
und ich nicht mehr zerstreut werde.
So herzlos sind meine Schwestern.
Sie haben mir sogar die Nachtträume herausgekämmt
und so wie Haare in den Wind geschickt.
Sie ließen mich selber mein Haus bauen.
Die ganze Nacht über ließen sie mich das Wasser tragen.
Sie ließen mich aus meinen Fußsohlen den Lehm kneten
Aus meinen Armen ließen sie mich Steine brechen.
Und erst in der Morgendämmerung,
als ich sagte, dass ich müde sei,
ließen sie mich in Ruhe.
Sie brachten jemand anderen
und ließen ihn in meinem Haus wohnen.
Ungerecht sind meine Schwestern.
Sie lassen mich nicht sterben, bevor ich groß geworden bin.

---

* Früher gaben adlige Frauen ihre Neugeborenen Ammen aus dem Volk zum Stillen, um ihre eigenen Brüste schön zu erhalten. Um den Milchfluss zurückzudrängen, umspannten sie ihre Brüste mit einem Seidenband.

LELA SAMNIASCHWILI (Samniashvili), geboren am 17.03.1977 in Gori, Dichterin, Doktorin der Pädagogik. Sie studierte an der Staatlichen Iwane-Dschawachischwili-Universität Tiflis und an der Universität Oslo englische Sprache und Literatur. Sie forschte an der University of California (Berkeley) in den USA über zeitgenössische amerikanische Lyrik.
Publikationen: *Fotogeschichten* (2000), *Das Jahr der Schlange* (2004), *Das ewige Tattoo* (2007), *Fraktale* (2010), *Abstrakt beten* (2014), „*37*" (2017).
Zahlreiche Auszeichnungen und Preise, Übersetzungen ins Aserbaidschanische, Deutsche, Englische, Italienische, Niederländische, Russische, Tschechische, und Ukrainische.

Geschichte eines Fuchswelpen

Die Liebe ist ein Fuchswelpe –
er ist ein Klumpen feuerroter Schönheit.
Er wird nicht ewig herzensnah bleiben –
irgendwann zeigt er seine kleinen Krallen,
er wird ständig etwas zum Naschen fordern:
Fleisch, Knochen, kleine Blutspritzer.

Wenn du ihn in einem Zimmer einsperrst,
hört er nicht auf zu kratzen,
er lässt dich beim Schlafen nicht in Ruhe
und bringt deine Träume durcheinander:
Du wirst von einem in Mottenpulver aufbewahrten
Fuchspelz träumen,
kuschelige Schwänze,
die die Frauen, als du Kind warst,
stolz über ihre dunklen Mäntel warfen.
Dieses brutale Geheimnis,
das sie mit hohen Nasen und Bequemlichkeit trugen,
dieser Albtraum der toten Liebe,
der gezähmten Liebe,
die statt Herzen Schultern wärmt.
Wenn du willst, dass er überlebt,
solltest du ihn anständig ernähren, mit nahrhaften Vögeln.

Die Finger sollten es schaffen,
kleine Gefühle zu rupfen
und ihn mit dem ihm zustehenden alltäglichen
Opfer vollzustopfen.
Das muss die Aufgabe werden.
Das Wittern entdeckt wieder
die veralteten Federn des Kissens,
kommt bei den versteckten Hoffnungen
und Ängsten an,
es breiten sich dunkle Federflocken aus,
das ist nichts Romantisches – Schneefallähnliches.
Du solltest ihn auf dem freien Feld freilassen,
solange er so schön ist, noch ein Welpe ist,
bevor du ihn tötest oder in ihm
ein doppelt gefährliches Raubtier erziehst.
Er muss seinen Weg im Schnee suchen,
er kann seine Fußabdrücke
mit seinem leuchtenden Schwanz löschen,
er soll einem neuen Abenteuer folgen –
das voll ist von Hunger, Gefahr und Leben.

DichterIN

Es klingt so, als ob es ein Froschweibchen wäre,
wenn es quakt, könnte es
eine zarte Stimme haben.
Es soll nicht zudringlich sein,
nicht an unseren Nerven sägen,
es könnte eine unsichtbare kleine Krone tragen.
Vielleicht wird es von jemandem entdeckt,
vielleicht geküsst,
vielleicht wird ihm über den Kopf gestrichen
und wird es an ein Bett herangelassen.
Kurz gesagt, das ist ein Märchen, eine Fiktion.

Egal, ob weiblich oder männlich,
ein Frosch braucht eine starke Stimme,
damit er das Quaken der anderen übertönt,
damit er den süßen Sumpf lautstark lobt,
von den traumhaften Zeiten als Kaulquappe erzählt,
oder noch lauter quakend darüber lamentiert,
dass ihm seine glitschige Haut nicht gefällt,
ebenso wie ihm das froschartige
Schwimmen in den stinkenden Hallen
der Meerespflanzen nicht gefällt,

damit er erzählt, wie langweilig es ist,
sich mit Insekten den Bauch vollzustopfen,
jeden Morgen, Mittag und Abend,
und wie leid es ihm tut,
dass er nicht über seine Zunge springen kann,
dass daran alles festklebt,
was in der Gegend herumfliegt.

In dieser Langeweile ist seine Stimme
die einzige Unterhaltung,
ein Lebenzeichen, das ihm das Gefühl gibt,
dass sein Blut nicht ganz gefriert.
In so einem Fall ist Zärtlichkeit unmöglich.
Es ist ein verlorenes Manöver. Braucht doch niemand.
Deshalb glaubt nicht
an die Anthologien mit dem hübschen Cover,
von dem nur die Frauen herunterlächeln!
Es gibt keine DichterINNEN.

***

Schau mal, mein Zimmer, wie das bloß aussieht!
(Ich bin doch wirklich ein schreckliches Mädchen.) –
Es ist ungeputzt, voll Staub, ungefegt,
voll bunter Dinge, voll Ramsch, voller Fädchen;

als Grund geb ich an, ich hätt´ heut keine Zeit
und gestern sogar noch viel wen´ger davon,
du aber sollst ganz doll mit mir schimpfen
so fliegt morgen nicht länger der Staub in der Sonn´.

Trotzdem sehne ich mich auch morgen dorthin,
wo die Stürme Unheil anrichten;
ich kehre zurück und hatte alles vergessen,
Nachtträume aus Staub will ich hinzudichten;

auch mein Leben, schau mal, wie sieht das bloß aus –
hast du schon mal irgendwo so etwas gesehen?!
All das was ich finde und das was ich verliere –
bewahre ich auf, es soll für immer zusammenstehen.

IRMA SCHIOLASCHWILI (Shiolashvili), geboren am 29.03.1974 in Zitelzkaro (heute: Dedopliszkaro) in Ostgeorgien, studierte Journalistik an der Staatlichen Iwane-Dschawachischwili-Universität Tiflis und moderierte danach als Fernseh- und Radiojournalistin literarische Sendungen beim Staatlichen Georgischen Fernsehen. 1998 begann sie ein Promotionsstudium an der Akademie der Wissenschaften in Tiflis und an der Rheinischen Friedrich-Wilhelms-Universität Bonn, das sie 2005 mit der Promotion über deutsche und georgische politische Nachkriegslyrik abschloss. Arbeitet freiberuflich als Journalistin und Dozentin in Deutschland.

Publikationen in Georgien: *Nichtexistierendes Wort* (1992), *Der blaue Bogen* (1996), *Spur der Träne* (2002), *Eine Brücke aus bunten Blättern* (2009), *Montag* (2013).

Publikationen in Deutschland: *Eine Brücke aus bunten Blättern* (2012), *Kopfüber* (2018).

Übersetzungen ins Deutsche, Englische, Französische und Russische.

Ringe

Es ist wirklich wahr:
Der Ring fiel dreimal ins Wasser.
Drei Flüsse haben ihn umspült
und dreitausendmal
haben die Moleküle des Wassers ihn umtanzt.
Weder die Zeit noch die Flüsse
haben die Wahrheit zutage gebracht.
Es ist das Schicksal der klugen Frauen,
sich selbst mehr als der Liebe treu zu bleiben.
Meine Freundinnen haben die Sonne mehr geliebt
als das Gold.
Sie fingen die Sonne in ihren glänzenden Eheringen ein
und haben daraus gelbfarbene Honigbrötchen gebacken.
Am Anfang hat das Schicksal sie verwöhnt.
Aber später, als der Oktober kam
und sie ihre Augen öffneten,
schien das glänzende Auge des Schicksals
plötzlich trübe geworden zu sein.
Seltsam unruhig wirkten die Herbste,
entlaubten die Bäume, zeigten sie nackt.
Um Mitternacht verlor der Mond gar seine Leidenschaft.
Und an der Schwelle zum November sah man die Frauen,
mit dem Herbst um die Schulter, in eine Reihe gestellt.

Und so standen sie an der Schwelle
zum November und zur Wahrheit,
diese Frauen, die vor langer Zeit
aus ihren Traumwunden Liebesfeuer
anstatt Blut hatten fließen lassen.
Danach hatten sie ihren Kopf gehoben und entdeckt,
dass sich die Entfernung zwischen Auge und Erde
durch ein Senken des Kopfes nicht verringerte.
An der Schwelle zum November und zur Wahrheit
standen die Männer, die sich auf die Zehenspitzen stellten,
um auf die Höhe der Stirnen ihrer Frauen zu kommen.
Sie haben auch entdeckt, dass es keinen Sinn hatte,
das Leben ständig künstlich grün zu färben
und zwei Schritte zu tanzen,
während die Frauen nur einen taten.
Und sie stampften die Erde auf der Schwelle so sehr fest,
dass meine Freundinnen es nicht mehr ertragen haben
und sich in die Einsamkeit begaben.
……
Der Ring ist noch einmal ins Wasser gefallen.

Meine afghanischen Mädchen

Ich will über afghanische Mädchen erzählen –
über meine kopftuchtragenden afghanischen Mädchen,
die in Kabul geboren sind
und denen schon im Babyalter von ihren Vätern
mit dem Finger gedroht wurde:
Du bist ein Mädchen und ich will deine Stimme nicht hören …
Das haben ihre Augen aufgenommen
und wenn sie mich anschauen,
sehe ich dieses verzweifelte Baby in ihren Augen!
Wenn sie mich anschauen,
sehe ich, wie sie sich
nach meiner georgischen Freimütigkeit
und nach deutscher Freiheit sehnen,
nach meinen schön geschnittenen Haaren
und den am Körper wie angegossen sitzenden Kleidern …
Vielleicht sehe ich manchmal aus wie in ihren Träumen,
manchmal wie ein ihnen kummervoll
unerfüllt gebliebener Traum –
der sehr tief und empfindlich ist.

Auf dem Weg, der dir ähnelt

Nachdem ich von dir fortgegangen bin,
habe ich mir abgewöhnt zu sprechen,
auch mich an Menschen anzulehnen.
Ich mache keine naiven Kommentare mehr,
ich lache nicht mehr wie eine Jugendliche.
Ich bin erwachsen geworden.
Wenn du mich so kennengelernt hättest,
hättest du mich bis zum Ende deines Lebens geliebt.
Ich traue mich nicht, auch nur einen Schritt zu tun,
so stolz ist dieser Weg.
Ich möchte nicht mit dem Fuß auf sein Herz treten.
Er ähnelt dir, er ist – so wie du – still und wortlos.
Dieser Weg ähnelt dir, –
er weiß ganz genau, wo er abbiegen muss.
Er beißt niemals bei den Ködern fremder Pfade an.
Er biegt niemals von seinem Wunsch ab.
Ich traue mich nicht,
mit meinem Fuß auch nur einen Schritt zu machen.
Wo ist mein Widdercharakter geblieben,
mein zielstrebiger Charakter,
mein beharrlicher Charakter.
Ich habe gelernt zurückzutreten.
Ich habe gelernt Niederlagen hinzunehmen.
Ich bin erwachsen geworden.
Sieh, ich traue mich nicht,
mit dem Fuß auf den Weg zu treten, der dir ähnelt.

TEA TOPURIA, geboren am 26.10.1976 in Sochumi (Abchasien), studierte an der Staatlichen Iwane-Dschawachischwili-Universität Tiflis Journalistik und arbeitet bis jetzt in diesem Beruf (Radio Free Europe/Radio Liberty in Tiflis / Radio Tavisupleba). Publikationen: *Dreschboden für Minze* (2007), *Ferien in Paradea* (Kindergeschichten, 2010), *Ökozid* (2011), *Märchen zum Aufwachen* (Kindergeschichten, 2011), *Zwei Zimmer in Kairo* (2016), *Ein langer Tag auf einem anderen Planeten* (Kindergeschichten, 2014). Zahlreiche georgische Auszeichnungen und Preise. Übersetzungen ins Deutsche, Englische, Polnische, Tschechische und Ukrainische.

Es hätte alles ganz anders sein sollen ...

Wir hätten erst Mädchen sein sollen

und danach Frauen.
Wir hätten ins Café gehen sollen und ins Kino.
Man hätte uns Blumen schenken sollen und Parfüm,
wir hätten Briefe bekommen
und auf diese Briefe antworten sollen,
wir hätten im Sommer nach Sochumi fahren sollen.*

Wir hätten aus den Vorlesungen heimlich verschwinden
und zu Rendezvous gehen sollen.
Wir hätten das Licht ausschalten
und Kerzen anzünden sollen.
Wir hätten auf Hochzeiten gehen
und auch unsere Hochzeit feiern sollen.
Wir hätten in unseren Flitterwochen
nach Sochumi fahren sollen.

---

* Sochumi: die Hauptstadt der Provinz Abchasien am Schwarzen Meer, die im Krieg 1994 für Georgien verlorenging.

Wir hätten zärtlich sein sollen und schwach,
wir hätten uns aufregen sollen,
wenn das Fieber bei unserem Kind angestiegen wäre,
und wenn dem Ehemann kalt geworden wäre,
hätten wir ihn mit unserem Körper wärmen sollen.
So wie in den Flitterwochen in Sochumi.

Aber wir waren keine Mädchen
und danach auch keine Frauen,
sondern die Witwen von unbekannten Soldaten,
die loszogen, bevor wir sie kennenlernten,
die loszogen nach Sochumi.

Wir aber fuhren mit der U-Bahn
und gingen bei Stromausfall durch Tunnel voller Ratten.
Wir kauften Blumen für die toten Jungs.
Unsere Vorlesungen fielen aus
und wir saßen vor der Universität,
aber wenn wir in den Vorlesungen saßen –
hatten wir viel mehr Kummer wegen der erfrorenen Füße
als wegen der frierenden Hände,
denn die Füße einer Frau dürfen nicht kalt werden.
Wir trugen schwarze Kleider,
weil man auf denen den Schmutz nicht so sah.
Wir kauften Brötchen mit zusammengekratzten Münzen,
wir blieben in der Wohnung der Freundin,
die ein Stromkabel hatte,
das mit dem Krankenhaus verbunden war.[*]
Und wenn der Strom trotzdem ausfiel,
zündeten wir Kerzen an und zählten,
wie viele Kranke ohne künstliche Beatmung starben.

---

[*] Da Krankenhäuser in der Stromversorgung Priorität hatten, war damit auch für diese Wohnung die Stromversicherung gesichert.

Unsere Männer sind vor langer Zeit gestorben.
Als sie starben, wussten sie nicht mehr,
was für eine Farbe unsere Augen hatten, schwarz oder blau.
Vor allem wussten sie nicht,
was für eine Farbe unsere Augen nach dem Weinen hatten,
nach dem Erwachen.
Sie wissen bis jetzt nicht,
dass wir ihnen selbstverständlich treu geblieben sind.
Dass unsere einst seidigen Haare grau geworden sind,
so dass kein Mann mit der Hand darüber gestrichen hat.
Dass wir bis zum letzten Atemzug gearbeitet haben,
dass wir angefangen haben, Hochzeiten zu hassen,
dass wir nicht aufhörten,
in den Nächten immer wieder dasselbe zu träumen,
davon, dass wir nach Sochumi fahren.

Es ist seltsam

Es ist seltsam,
die Vergangenheit war nicht süß,
aber trotzdem klebt sie an deiner Hand.
Als ob du anstatt der Augen im Gesicht die Augen
                              auf dem Hinterkopf hättest.
In deinem eigenen Körper lebst du so, als ob er gemietet sei.
Die Seele läuft treppauf und treppab so wie ein Mieter,
sie kehrt so spät zurück,
dass ich ein oder zweimal beinahe ohne sie eingeschlafen wäre.
Sie öffnet die Tür mit Knurren und bevor sie in den Körper
eintritt,
macht sie ihre matschigen Füße an den Kleidern sauber.
Du aber hast dir die alte Schwäche nicht abgewöhnt,
erwartest Liebkosungen, so wie ein dickes Kind,
das sich danach sehnt, in die Arme genommen zu werden,
aber neben den eigenen aufblasbaren Ball gesetzt wurde.
Was wäre denn, wenn dein Leben auch so wäre, aufblasbar,
wenn du es satt wärest, hättest du die Luft herausgelassen.
Wenn du es satt wärest, hättest du es weggelegt ...
Wie sieht es denn aus? Du bist es satt
und weißt nicht, was du damit machen sollst.

***

Wenn ein Mensch es sich aussuchen könnte,
käme er zu zweit auf die Welt.
Einmal fürs Leben und das andere Mal für sich selbst.
Dann wäre man nicht durchgerissen
wie ein verschlissener Faden,
wäre nicht abgenutzt wie ein Holzlöffel,
wäre nicht an unpassenden Stellen abgewetzt
wie eine alte Hose durch Hinsetzen und Aufstehen.
Einer von beiden hätte unsere Nacktheit bedeckt,
einer von beiden wäre mitgekommen,
in schlechten Zeiten,
wie Schwarzbrot,
und in den Zeiten, wenn gefeiert wird,
um auf der Wiese zu tanzen.
Ich hätte mit dem einen den anderen hintergangen
und keiner von beiden wäre deshalb verletzt gewesen.
So wäre die Erde, die ich im Traum gesehen habe,
fruchtbar und nicht so unfruchtbar,
dass man ihr ansieht,
dass ich vor dem Schlafen von niemandem träume.

MARIAM ZIKLAURI (Tsiklauri), geboren am 18.03.1960 in Tiflis, studierte an der Staatlichen Iwane-Dschawachischwili-Universität Tiflis Chemie und arbeitete als Lehrerin, als Radio-Journalistin, als Redakteurin in verschiedenen Verlagen und als Projektleiterin im Kulturministerium. Sie ist als Dichterin, Nachdichterin fremdsprachiger Lyrik und als Kinderbuchautorin bekannt. Teilnahme an literarisch-poetischen Festivals in Litauen (Utena, Wilna), Tschechien und Italien (Genua).

Publikationen (nur Lyrikbände): *Begegnung* (2000), *Anrufung der Gedichte* (2001), *Ich öffne einen Nebelflügel* (2006), *Der Nachtwächter* (2009), *Weiße Kälber* (2010), *Ein Ritual der Ewigkeit* (2012), *Gebete im Stehen an die Sonne* (2014), *Für den Glauben an dich* (2017).

Zahlreiche Auszeichnungen und Preise. Übersetzungen ins Armenische, Deutsche, Englische, Italienische, Litauische, Polnische, Russische, Schwedische, Slowakische, Tschechische und Ukrainische.

Stummfilm

Ich wäre so gern ein Stummfilm gewesen,
aber das Glück war nicht auf meiner Seite.
Ich hätte mich und meine Gedanken stumm,
ohne Worte, ausgegeben.
Ich hätte mein Leben so gerne
in eine Stunde hineingepackt.
Ich hätte es so gerne,
dass ich durch einen einzigen Blick die Liebe –
ein weißes Zicklein –
mitgebracht hätte, die hüpft,
ohne die Erde mit den Füßen zu berühren,
um in den Abgrund des Herzklopfens zu stürzen.
Wer hätte mir das Glück gegeben,
mich vor einen Zug zu werfen?
Und hinter den Filmstreifen hätte ein Assistent
die Falten meines Kleides
über meinen aufgeschürften Knien
wieder ordentlich ausgebreitet …

Ich musste aber mehr als die anderen sprechen,
Lärm machen.

Mein Herz hätte eigentlich zerbersten müssen,
die Wirklichkeit hätte sich für ihr Dasein
schämen müssen.
Wer hätte mir dieses Glück gegeben,
dass ich, für dich wach bleibend,
mit dem Kopf an Traumalleen gelehnt,
einschlafen hätte können?
Und an meine Wangenknochen oder
an die Oberlippe
hätte der Wind einen Leberfleck gemalt,
als schwarzen Fußabdruck der Einsamkeit der Nacht.
Wer hätte mir so in die Augen geschaut,
dass er darin die Liebe gesehen hätte?
Alles wäre so einfach gewesen,
ich hätte mich glücklich geschätzt,
wenn ich ein Stummfilm gewesen wäre
und niemals ein einziges Wort gesagt hätte,
wenn nur nicht ein aus meiner Stimme
herausgewachsener Baum
an seinen langausgestreckten Ästen
Galgen, Hängematten, Fahnen und Vogelnester
angebracht hätte.

Wo hätte ich so ein Glück haben können,
ich – ein Kind des Lärms –,
ein Kind als Erzähler aller Mythen und Legenden
aus Wirklichkeit und Nachttraum?
Ich habe alles wie eine blaue Sommertafel ausgebreitet
für die, die mich niemals besuchen werden –
die Kreditgeber des Glücks.

Dennoch wird alles am Ende irgendwie andersherum sein,
ähnlich wie die schwarz-
weißen Filmstreifen aus einem Stummfilm –
ähnlich dem Augenblick,
wo die Liebe wie Handschellen abgenommen wird.
Das Ende ist glücklich.

Der Fluss

So wurd' als Fluss,
als Bergfluss ich geboren
und fließ so schnell,
zu rauschend,
schaff's nicht, in mir zu leben.

Wer kann mir folgen?
Keiner kann von mir erzählen,
keiner kann mich fassen.
Man trinkt aus mir und hält mich für das Wasser.
Man erfrischt sich die Füße in mir.
Wenn man mir in die Augen starrt,
lass ich Forellen in die Netze springen.
Ich laufe fort,
hab selbst kein' Zeit für junge Fische,
die in meinem Strom festhängen.

In meinen Schoß fliegen schnelle Schwalben,
stillen ihren Durst an mir,
an ihren weißen Brüsten glänzen meine Tropfen,
tragen so den Duft der nassen Felsen
in den Himmel.

Wie kalt ich bin!
In meinen Armen können die Hitze
und die Sonnenengel
nicht mehr atmen.

Ich fließ dorthin,
von wo ich keinen Rückweg finde,
dieser Weg,
von der Quelle bis zur Mündung,
ist Bestätigung
der Herrlichkeit der Ewigkeit.

Wer schafft das?
Nur der Fluss allein,
von der Geburt an bis zum Tode
immer jung zu bleiben ...

Was sollen wir unseren Kindern sagen?

Was sollen wir unseren Kindern sagen,
wenn wir aus dem Krieg zurückkehren,
wenn wir aus dem Frieden zurückkehren,
wenn wir vom Tod zurückkehren?
Was sagen wir unseren Kindern?
Dass wir überall die Liebe suchten,
sie aber nirgendwo fanden?
Dass wir die Freiheit suchten
und die Sklaverei entdeckten?
Dass wir in das Glück verliebt waren
und das Unglück heirateten?
Was sagen wir den Kindern?
Dass wir im Himmel Gott nicht fanden
und auf der Erde kein Zuhause?
Dass wir die Horizonte aufgetrennt haben,
nicht aber die Ruhe unserer Kirchen schützen konnten?
Was sagen wir unseren Kindern, warum wir sie zur Welt brachten?
Um uns auf eure reinen Seelen zu stellen,
wie auf Treppenstufen,
und dann in die Höhe zu klettern?
Dem Himmel zu und dennoch elend
die Häupter mit Erde bedeckt?
Nehmt hier das Leiden – euer Bethlehem!
Gebäret selber Gott,
der so groß sein wird wie ihr
und euch Erschöpften besser zur Seite stehen wird.

LELA ZUZKIRIDZE (Tsutskiridze), geboren am 03.05.1964 in Tiflis, studierte an der Staatlichen Iwane-Dschawachischwili-Universität Tiflis georgische Sprache und Literatur. Ihre Gedichte wurden in die georgischen Schulbücher und in Anthologien aufgenommen.

Publikationen: zwei Gedichtbände *Bunt* (2011) und *Stell dir vor, Elisabeth!* (2016), ein Roman *Eine fröhliche Familie und andere Menschen* (2017) sowie acht Kinderbücher.

Zahlreiche Auszeichnungen und Preise, Übersetzungen ins Deutsche, Englische, Griechische, Litauische, Russische und Ukrainische.

Stell dir nur vor, Elisabeth!

Stell dir nur vor, Elisabeth,
wie schön das Schiff sein wird,
nicht mit Flaggen,
sondern es ist voll mit Kindern in allen Farben –
geschmückt mit ihren ausgestreckten zarten Händen,
anstelle von Flaggen.
Wie schön wird das Schiff sein,
voll mit Kindern in allen Farben.
Wenn wir das Brückenspiel spielen,
halten wir die Hände auf,
und öffnen sie wie eine faltbare Brücke,
und das Schiff fährt unten hindurch,
voll ist es mit Kindern in allen Farben …
Stell dir nur vor, Elisabeth,
dass am Bug eine Möwe sitzt,
ausgebreitet wie ein strahlend sauberes weißes Hemd.
Wenn dieses traumhaft strahlend saubere Hemd
von den Windböen hart erfasst und hinweggeweht und
so wie eine Aquarellfarbe mit den Wolken gemischt wird,
sagen wir: Das macht nichts,
die Farben sind doch alle da;
die Kinder – kleine Flaggen als Schmuck für das Schiff.

Stell es dir nur vor, Elisabeth,
wie schön wird das Schiff sein –
voll mit Kindern in allen Farben,
wenn unter den gefalteten Händen
genau so ein Schiff hindurchfährt – stell es dir nur vor,
                                                Elisabeth!

Für vaterlose Mädchen

Das sollten diese Mädchen wissen,
wie die unsichtbaren Väter lieben können,
wie sie mit Netzen zum Sternfischen gehen,
wie sie lieben können, wenn sie im Himmel
mit silberfarbenen Netzen zum Fischen gehen,
die auf dem glatten Nebel unerwartet abrutschten,
die früher in die Nacht gestoßen wurden,
als die Nacht üblicherweise kommt. Sie sollten wissen,
dass es ein unhörbares Lied gibt,
das die nach den Sternen fischenden Väter singen,
für die voller Sehnsucht zusammengekauerten Kinder,
die in Vaters Bett,
in Vaters kariertem Hemd eingeschlafen sind.
Es gibt dieses unhörbare Lied.
Sie sollten wissen, dass diese Männer
die Fußsohlen der kleinen Mädchen,
die sie auf den Schultern getragen haben,
wie einen Talisman als Tätowierung
in ihre Herzen graviert haben.
Sie sollten es wissen.

Sie sollten es wissen.
Die Liebe vergeht niemals,
die Väter kehren nicht zurück,
die Väter gehen nicht von ihnen weg.

Sie liegen wie Wölfe
vor den verschlossenen Türen
der Nachtträume der Mädchen,
sie liegen wie Wölfe
und knurren die angsteinflößenden Drachen an.

Und wenn die Nacht wie ein reißender Fluss,
wenn die Nacht wie ein reißender Fluss
den Atem der Väter mitbringt –
wie zu Hauch gewordene Wolken an den Fensterscheiben –
und wenn sie den Sonnenaufgang bringt,
der in den Schatten der Bäume zappelt,
so wie Goldfische im Netz,
dann sollen die Mädchen sich insgeheim etwas wünschen.
Sie sollen sich insgeheim etwas wünschen,
sie sollen zu dem grünen wüsten Feld laufen,
zu dem wüsten Feld,
sie sollen das schlafende Gras
mit ihren schmalen Rücken bedecken,
mit ihren schmalen Rücken bedecken,
die Hände hinter den Kopf,
die Hände hinter den Kopf,
die Augen gen Himmel,
die Augen gen Himmel,
und sie sollen beobachten,
wie die Träume der Väter zu den warmen Ländern fliegen,
damit sie sie auf ewig in Erinnerung behalten
und zum soundsovielten Mal hören,
wie die Väter um diese Zeit ein fremdes Lied singen –
wenn sie nach den Sternen jagen
für ihre Mädchen,
die irgendwann einmal auf ihren Schultern saßen,
so weiß und sauber wie der Schnee.

Mein geliebter Alfred Hitchcock

Immer wenn mich mein geliebter Alfred Hitchcock
ins Kino einlud,
schenkte er mir anstatt Feldblumen und Rosen
einen Strauß von Vögeln.
Am Anfang hatte ich panische Angst vor diesem
Strauß von Vögeln.
Danach weniger
und noch viel später noch viel weniger.
Und als ich eines Tages voller Freude rief:
Wie schön ist dieser Strauß von Vögeln, oh Gott!,
trennten wir uns voneinander,
ich und mein geliebter Alfred Hitchcock.
Er verliebte sich in eine Frau,
die panische Angst vor dem Strauß von Vögeln hatte,
ich verliebte mich in meine domestizierte Angst.

Nachwort

So fern und doch so nah

Die georgischen Dichterinnen gehören – und das beweist die vorliegende Anthologie – zu einem wirklichen Volk der Dichter. Das kleine Land Georgien mit seinen 3,7 Millionen Einwohnern hat eine überdurchschnittliche Zahl an herausragenden Autoren, wie schon die Auswahl der für die Buchmesse Frankfurt 2018 vorgesehenen georgischen Literatur beweist. Die Literatur der Georgier, die in einem fernen Land im tiefsten Kaukasus, eingeklemmt zwischen dem Schwarzen Meer, der Türkei, Aserbeidschan und Russland, leben und die jahrzehntelang vom ersehnten Westen durch den Griff des zaristischen Russlands und später durch den eisernen Vorhang abgetrennt waren, kann mühelos auf der Höhe der „westlichen" Literatur mitspielen und mithalten. Der vorliegende Band „Ich bin viele", der als Titel ein Zitat der Dichterin Rusudan Kaischauri aufgreift und der von der in Deutschland lebenden georgischen Dichterin Irma Schiolaschwili und von der in Frankfurt lehrenden Kaukasiologin Manana Tandaschwili zusammengestellt wurde, zeigt einen Querschnitt moderner zeitgenössischer Lyrik, deren Themen nahe am Ball sind, die geprägt wurden durch die Konflikte und Entwicklungen der letzten Jahrzehnte.
Frauenspezifische Sujets wie Unterdrückung und Ausbruch der Frau, Mutter, Tochter und Schwester, Geburt, Kinderkriegen und Familie werden auf oft originelle Weise thematisiert. Es ist wohl schon so, dass diese Dichterinnen das Genderthema deshalb so oft und intensiv aufgreifen, weil in ihrem Land noch viel weni-

ger als hierzulande eine Gleichberechtigung zwischen Mann und Frau herrscht. Umso erstaunlicher ist es, wie offenherzig und schonungslos da gedichtet wird, das eigene Ich wird manchmal nackt ausgestellt und ein Blatt selten vor den Mund genommen, insbesondere wenn es um Sexualität und Männer geht. Auch die Geschichte wird nicht ausgespart, die kriegerischen Auseinandersetzungen der letzten drei Jahrzehnte, die diese Dichterinnen-, Töchter-, Schwester- und Witwengeneration besonders geprägt haben und die Verwurzelung in der klassischen historischen georgischen Literatur werden manchmal in erzählerischer Form, oft auch sprachlich experimentell und auf immer hohem poetischen Niveau, zu kurzen und langen Gedichten. Die neue georgische Lyrik bedient sich dabei sowohl moderner als auch traditioneller Formen. Manchmal wird stark rhythmisiert und gereimt, oft wurden Zeilen genau abgezählt. Die Nachdichtung versucht, diese Formliebe beizubehalten, die in Georgien traditionell ist und die insbesondere beim Vortrag in Georgien viele Zuhörer und Fans findet, die Liebe zur georgischen Lyrik und zu den Dichtern ist im Land der Argonauten bis heute groß. Trotz oder gerade wegen der sozialen und gesellschaftlichen Probleme sind Lesungen von AutorInnen sehr gut besucht und werden die lebendige Literaturszene und ihre Vertreter, die sich untereinander kennen und gegenseitig befruchten, nicht nur in künstlerischen Kreisen, sondern auch bei vielen anderen Georgiern sehr bewusst wahrgenommen, oft auch als Stimme des Protests gegen eine Politik, von der viele GeorgierInnen nicht profitieren.
Vielleicht ist es von Vorteil, dass beide Herausgeberinnen schon lange ihrem Heimatland, in dem sie noch häufig zu Lesungen und Vorträgen eingeladen sind, den Rücken zugekehrt haben. So konnten sie sich unbeeinflusst eine repräsentative Auswahl an Autorinnen heraussuchen, von denen jeweils 2-3 Gedichte vorgestellt werden.
Beim Lesen der Gedichte spürt man, dass die georgischen Dich-

terinnen von heute viel zu sagen haben, sie schreiben, weil sie so ihrem Schmerz, ihrer Sehnsucht und ihrem Schreibdrang auf sehr unterschiedliche Weise Ausdruck verleihen können, surreal, expressionistisch, realistisch, modern oder formverliebt. Immer wieder ergreifen diese Texte, die aus der Ferne kommen und uns doch so nah zu sein scheinen.

Sabine Schiffner

Kurzbiografien

SABINE SCHIFFNER, geboren am 24. September 1965 in Bremen, studierte Theater-, Film- und Fernsehwissenschaften, Germanistik und Psychologie in Köln und arbeitete als Regisseurin und Darstellerin am Schauspielhaus Köln. Seit 1996 ist sie als Autorin und Übersetzerin tätig.
Publikationen (Auswahl): *Besteck im Kopf. Gedichte* (1994), *Kindbettfieber. Roman* (2005), *Male. Gedichte* (2006), *Dschinn. Gedichte* (2007), *Frühling lässt sein blaues Band. Gedichte und Prosa* (2009), *fremd gedanken. Gedichte* (2013), *super ach. Gedichte* (2018).
Zahlreiche Preise und Auszeichnungen, Mitglied im PEN-Zentrum Deutschland.

PROF. DR. MANANA TANDASCHWILI (Tandashvili), geboren am 22. Mai 1960 in Tiflis, ist außerplanmäßige Professorin und Akademische Oberrätin am Institut für Empirische Sprachwissenschaft der Goethe-Universität in Frankfurt am Main. Sie leitet den Schwerpunkt „Kaukasische Sprachwissenschaft" innerhalb des Studiengangs „Empirische Sprachwissenschaft" und hat in jüngerer Zeit mit georgischen Partnern zahlreiche Projekte zu kaukasiologischen Fragestellungen durchgeführt. 2008 gründete sie den Frankfurter Literatursalon EUTERPE und organisierte über 130 Literaturabende in Deutschland, der Schweiz, Österreich und Georgien. Zusammen mit Prof. Jost Gippert hat Manana Tandaschwili 18 Bücher der modernen sowie klassischen georgischen Literatur herausgegeben.

Inhalt

NANA AKOBIDZE 7
Haare und das Ertragen der Liebe 9
Habt ihr die schöne Tote gesehen? 10

KATO DSCHAWACHISCHWILI 11
Wir haben etwas mitzuteilen 13
Eine Erzählung über den Krieg 15

ELA GOTSCHIASCHWILI 19
Ordnung 21
Das Spiel 23

RUSUDAN KAISCHAURI 27
Ich bin viele 29
An das Schwänzen in der Poesie 30
Ich und der Engel 31

EKA KEVANISCHWILI 33
Als ich liebte, dachte ich, dass ich klein bin 35
Der letzte Kreis 37

LIA LIKOKELI 41
Uns wird es gut gehen, Mädchen 43
Meine Mutter ist mein Kind 47

NINO SADGHOBELASCHWILI *49*
Die Schwangere *51*
Felsen *54*

LELA SAMNIASCHWILI *57*
Geschichte eines Fuchswelpen *59*
DichterIN *61*
*** *63*

IRMA SCHIOLASCHWILI *65*
Ringe *67*
Meine afghanischen Mädchen *69*
Auf dem Weg, der dir ähnelt *70*

TEA TOPURIA *71*
Es hätte alles ganz anders sein sollen *73*
Es ist seltsam *76*
*** *77*

MARIAM ZIKLAURI *79*
Stummfilm *81*
Der Fluss *84*
Was sollen wir unseren Kindern sagen? *86*

LELA ZUZKIRIDZE *87*
Stell dir nur vor, Elisabeth! *89*
Für vaterlose Mädchen *91*
Mein geliebter Alfred Hitchcock *93*

So fern und doch so nah
Nachwort von Sabine Schiffner *95*
Kurzbiografien *99*
Inhalt *101*

Kaukasische Bibliothek
Hrsg. Uli Rothfuss, Traian Pop

• Bd. 1: Merkez Gulijew, *Der Rabe als Dirigent*, Fabeln. Mit 19 Zeichnungen von Yavar und einem Vorwort von Uli Rothfuss. (Aserbaidschan). ISBN: 978-3-937139-29-X; 10,20 €.
• Bd. 2: Dato Barbakadse, *Das Dreieck der Kraniche*. Gedichte. (Georgien). ISBN: 978-3-937139-38-8; 12,60 €.
• Bd. 3: Irma Shiolashvili, *Eine Brücke aus bunten Blättern*. Gedichte. (Georgien). ISBN: 978-3-86356-025-6; 12,80 €
• Bd. 4: Esma Oniani, *Nichts heißt keine Farbe*. Gedichte und Gedanken über die Poesie. (Georgien).
ISBN: 978-3-86356-087-4; 15,50 €
• Bd. 5: *Abasinische Prosa*. Folklore, Erzählungen, Novellen und Miniaturen. (Abasiner in Russland: Nordkaukaus)
ISBN: 978-3-86356-088-1; 17,00 €
• Bd. 6: Ekaterine Gabaschwili, *Magdanas Esel*. Erzählungen, Miniaturen und ein Kurzdrama. (Georgien)
ISBN: 978-3-86356-112-3; 16,99 €
• Bd. 7: Tschola Lomtatidse, *Die Beichte*. Fünf Erzählungen. (Georgien). ISBN: 978-3-86356-117-8; 16.99 €
• Bd. 8: Schota Tschantladse, *Manifest*. Gedichte. Prosa. Aufzeichnungen. (Georgien). ISBN: 978-3-86356-130-7; 16,50 €.
• Bd. 9: *Ich aber will dem Kaukasos zu ...* - Eine Anthologie georgischer Lyrik. (Georgien). 578 Seiten, ISBN 978-3-86356-124-6; 35,50 €
• Bd. 10: Badri Guguschwili. *Der Tag des Menschen*. Gedichte. (Georgien). ISBN: 978-3-86356-138-3; 15,00 €.
• Bd. 11 Salahaddin Khalilov, *Die Welt der Weisheit des Abu Turkhan*. Aphorismen. Bearbeitet und mit einem Vorwort von Uli Rothfuss. (Aserbaidschan). ISBN: 978-3-86356-130-7; 16,50 €.
• Bd. 12 Dato Barbakadse, *Die Unmöglichkeit des Wortes*. (Georgien). ISBN 978-3-86356-177-2; 19,90 €

- Bd. 13 Maka Elbakidse, Gaga Lomidse, Irma Ratiani, Miranda Tkeschelaschwili, Marine Turaschwili: *Eine kurze Einführung in die georgische Literatur.* ISBN 978-3-86356-139-0; 18,20 €
- Bd. 14 *Winzige Freunde.* Vier georgische Märchen und eine Geschichte von Niko Lomouri für die jüngsten Leser. (Georgien) ISBN: 978-3-86356-162-8; 19,90€
- Bd. 15 Guram Assatiani, *So liebte man in Georgien.* (Georgien) ISBN: 978-3-86356-169-7; 19,90€
- Bd. 16 Micho Mossulischwili. *Schwäne im Schnee.* (Georgien) ISBN: 978-3-86356-162-8; 17,80€
- Bd. 17 *Awarische Prosa.* Erzählungen, Novellen und Miniaturen. (Dagestan). ISBN: 978-3-86356-171-0; 17,20€
- Bd. 18 Mika Aleksidse, *Man spricht nicht über den Tod.* Erzählungen. (Georgien). ISBN: 978-3-86356-172-7; 18,20€
- Bd. 19 Irma Shiolashvili, თავდაყირა / *Kopfüber.* Gedichte. Georgisch - Deutsch (Georgien). ISBN: 978-3-86356-222-9; 16,50€
- Bd. 20 Dato Barbakadse, *Das Gebet und andere Gedichte.* (Georgien) ISBN: 978-3-86356-220-5; 16,50€
- Bd. 21 Nika Jorjaneli, *Roter Schein.* (Georgien) ISBN: 978-3-86356-224-3; 16,50€
- Bd. 22 Amiran Swimonischwili, *Gedichte.* (Georgien). ISBN: 978-3-86356-225-0; 19,50€
- Bd. 23 Micheil Dshawachischwili, *Zuflucht beim neuen Herrn.* Roman. (Georgien) ISBN: 978-3-86356-226-7; 16,50€
- Bd. 24 *Ich bin viele. Frauenstimmen aus Georgien.* (Georgien) ISBN: 978-3-86356-230-4; 18,50€
- Bd. 25 Goderdsi Tschocheli, *Eine Krähe für zwei.* (Georgien) ISBN: 978-3-86356-232-8; 18,50€
- Bd. 26 Dato Barbakadse, *Lied eines Arbeiters.* (Georgien) ISBN: 978-3-86356--241-0; 29,50€